AF262430
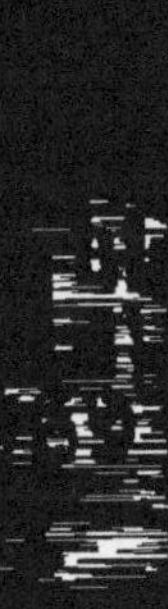

DISCOURS

POUR

L'ANNIVERSAIRE DU COURONNEMENT

ET DE LA BATAILLE D'AUSTERLITZ.

DE L'IMPRIMERIE DE CRAPELET,
rue de Vaugirard, n° 9, près l'Odéon.

DISCOURS

POUR

L'ANNIVERSAIRE DU COURONNEMENT

ET DE LA BATAILLE D'AUSTERLITZ,

Prononcé dans l'Église métropolitaine de Paris, le dimanche
6 décembre 1812,

PAR M. L'ÉCUY,

Ancien Abbé général de Prémontré, Aumônier ordinaire de S. M.
la Reine d'Espagne, et Chanoine honoraire de Notre-Dame ;

En présence de LL. EE. Nosseigneurs le Cardinal-Archevêque nommé
de Paris, et autres Cardinaux, des Evêques, de S. Exc. le Grand-
Chancelier de la Légion d'honneur, des Cours impériales de
Magistrature, et des Autorités civiles et militaires.

A PARIS,

Chez DESRAY, Libraire, rue Hautefeuille, n° 4.

1813.

DISCOURS

POUR

L'ANNIVERSAIRE DU COURONNEMENT

ET DE LA BATAILLE D'AUSTERLITZ,

Prononcé à Notre-Dame, le dimanche 6 décembre 1812.

Isti sunt dies quos nulla unquàm delebit oblivio.
Ces jours ne seront jamais effacés de la mémoire des hommes.

ESTHER, ch. 9, v. 28.

MONSEIGNEUR,

Le peuple juif venoit d'échapper à l'un des plus grands dangers qui l'eussent jamais menacés ; peu s'en étoit fallu qu'il ne devînt la victime d'une lâche vengeance : l'arrêt fatal étoit porté, et, quelques jours de plus, sacrifié à l'orgueil blessé du cruel Aman, tout Israël alloit périr. Dans cette extrémité, le courage d'un homme vertueux, et la piété d'une reine,

I

ou plutôt la protection divine étoit sa seule ressource. Elle ne fut pas sans effet ; l'iniquité fut confondue, et le plus noir des complots arrêté au moment de son exécution. La main bienfaisante de Dieu, toujours si secourable aux enfans de Jacob, quand ils avoient recours à lui, cette fois encore sauva son peuple. Dans l'ardeur de sa reconnoissance, ce peuple fit du jour de sa délivrance une fête solennelle ; il voulut que, chaque année, elle rappelât les bontés du Seigneur, et que, célébrée d'âge en en âge, elle transmît la mémoire du bienfait aux générations à venir.

Ne vous semble-t-il pas, Messieurs, voir, dans cette fête des temps anciens, l'image de la solennité qui réunit aujourd'hui dans ce temple l'élite de la nation ? Et nous aussi, dans des temps désastreux, heureusement déjà loin de nous, n'étions-nous pas menacés du plus grand des dangers ? Cette belle France, aujourd'hui si florissante, en proie alors à la furie des factions, victorieuse, il est vrai, au dehors, mais déchirée au dedans, malgré ses immenses ressources, malgré la bravoure de nos armées et l'habileté de leurs chefs, ne couroit-elle pas le risque de succomber ? Dans l'ivresse de quelques avantages remportés, déjà ses ennemis se partageoient ses riches dé- pouilles. Fol espoir ! au moment où ils le croyoient prêt à se réaliser, Dieu déploie son bras protecteur ; il appelle d'une contrée loin- taine l'homme de sa droite ; il le couvre, comme autrefois le camp d'Israël, d'une nuée qui le dérobe à toute recherche ; il l'amène comme par miracle sur le théâtre où il doit être l'in- strument des desseins éternels ; il le revêt de sa force, il le doue de sa sagesse, il dispose les esprits en sa faveur, et dès qu'il paroît, le sort de l'Etat est remis en ses mains. Aussitôt les fac- tions se dissipent, l'ordre renaît, la France reprend la supériorité qu'elle commençoit à perdre. Une grande puissance, vaincue à Ma- rengo, est forcée de demander la paix. Ce pre- mier succès obtenu, des soins encore plus im- portans occupent le Sauveur de la France. Il sait qu'un peuple sans culte est moins une nation qu'une horde qu'aucun frein ne retient, qu'un amas confus d'hommes que n'unit entre eux aucun lien solide. Il relève les autels abattus, il rend à la religion son utile influence; il use du suprême pouvoir avec tant de sagesse, qu'un vœu général se prononce pour qu'il soit affermi dans ses mains; il conçoit, il mûrit le plan d'un empire nouveau; la nation applaudit à cette grande idée : il vient dans ce temple recevoir l'onction sacrée, et ceindre son front du bandeau impérial. Il achève ainsi, il consomme , aux acclamations universelles , le grand ouvrage de notre délivrance. Epoque mémorable! jour de cette auguste inauguration ! jamais, non , jamais vous ne serez effacés de la mémoire des Français. *Isti sunt dies quos nulla unquàm delebit oblivio.*

Et vous, champs d'Austerlitz, où, une année après, au même jour, à la même heure, Dieu daigna couronner ce Héros de nouveaux lauriers, campagnes arrosées du sang des forts !

jamais non plus vous ne serez effacés de notre souvenir ; journée de gloire, heureux anniversaire ! journée de gloire, empreinte du sceau d'une protection particulière du Ciel, qui, pour toujours, vous a liée à la journée du couronnement, vous serez à jamais célébrée dans nos temples par de solennelles actions de grâces ! Chaque année, lorsque le cours des saisons vous ramènera, il ramènera aussi dans cette reine des cités, dans toutes les provinces, dans toutes les villes, dans le moindre hameau de ce vaste empire ; il verra se renouveler, jusque chez nos derniers neveux, la même cérémonie, les mêmes chants d'allégresse et de reconnoissance. *Et per singulas generationes, cunctæ in toto orbe provinciæ celebrabunt* (1).

Ce seroit ici, Messieurs, le lieu de rappeler toutes les merveilles qui se sont opérées sous nos yeux depuis un petit nombre d'années ;

-----

(1) Esther, 9, 28.

matière si riche, qu'elle suffiroit à la gloire de plusieurs siècles. Je devrois vous parler de tant de victoires remportées, de peuples soumis, de provinces conquises; des exploits glorieux de nos armées sous les feux du midi, de leurs triomphes dans les climats glacés du nord; de ces marches rapides qui subjuguent les pays en moins de temps qu'il n'en faut pour les parcourir; de nos frontières reculées dans toutes les directions, de l'empire agrandi de plus de moitié; de ces imposantes barrières, dont la nature sembloit avoir fait les bornes immuables des royaumes, non-seulement franchies, mais encore humblement et pour toujours abaissées devant le génie du vainqueur; de ces routes hardies, prodiges de l'art, établies dans des lieux à peine accessibles au chamois et à la chèvre des rochers; de ces canaux creusés savamment pour ouvrir des communications de fleuve à fleuve, joindre les mers entre elles, et ménager au commerce de nombreuses issues, à la politique de nouvelles ressources; de cette grande capitale,

assainie, enrichie de dépouilles opimes, ornée
d'immortels monumens ; en un mot, d'entre-
prises inouies, d'immenses travaux commen-
cés tous en même temps, et pourtant achevés
avec une incroyable célérité. Je devrois louer
ces Codes, chefs-d'œuvre de science et de sagesse, qui ont perfectionné notre jurispru-
dence, et semblent destinés à régler désormais
celle de toute l'Europe..... Mais que vous ap-
prendrois-je que vous ne sachiez parfaitement,
que ne sache toute la France, qui n'ait retenti
dans le monde entier ? Orateur mal habile,
irai-je amoindrir un éloge déjà tant de fois
prononcé dans cette chaire par des bouches
plus éloquentes que la mienne ? Et comment
pourroit suffire au récit de tant de hauts faits
d'armes, à de si pompeuses descriptions, au
développement de si grands projets, une voix
usée par l'âge, qui, n'ayant jamais été enten-
due que dans l'ombre et le silence des cloîtres,
pour y prêcher des vertus modestes et pai-
sibles, et pour y exhorter à des devoirs utiles,
sans doute, mais obscurs, n'avoit pas été

appelée à parler de la gloire du monde, du bruit des guerres, ni à célébrer l'éclat des triomphes.

Permettez donc, Messieurs, qu'obéissant au sentiment de mon insuffisance, par respect pour le Héros, par respect même pour l'éloquence, je ne présume point, en présence d'un de ses plus grands maîtres et de ses plus parfaits modèles (1), de prendre un si haut essor; mais que je descende à un sujet moins disproportionné avec mes forces, et plus approprié à ce que, dans un temple, on attend d'un orateur chrétien. J'essayerai de fixer, pendant quelques momens, votre attention sur les rapports de notre religion sainte avec la politique des empires; je tâcherai de montrer que cette religion affermit l'autorité du Prince, et que, mieux que tout autre moyen, elle contribue à la sûreté de l'Etat; de sorte qu'on ne peut être bon chrétien sans être bon citoyen, sujet fidèle, et même, au dire du grand Gustave-

____

(1) S. Em. Mgr le cardinal Maury officiant à la cérémonie.

Adolphe, si bon juge du courage guerrier, soldat valeureux (1); de sorte qu'il est, par conséquent, impossible d'annoncer les vérités évangéliques, sans servir en même temps la cause de la patrie et celle du souverain. Peut-être un court exposé de ces principes, en même temps religieux et sociaux, ne paroîtra pas dénué de tout intérêt à un auditoire chrétien, composé de personnages non moins recommandables par leurs vertus civiques, que distingués par leurs hautes dignités et par leurs lumières.

Je dis que nulle part les droits des princes ne sont mieux établis que dans nos livres saints, et les devoirs des sujets tracés plus fidèlement.

Dieu, dit l'Ecriture, est le roi des rois. Son empire est éternel, absolu, et s'étend à tout,

______

(1) « Ce prince avoit coutume de dire, qu'*un bon chrétien ne pouvoit pas être un mauvais soldat* ». (Dict. hist., art. GUSTAVE-ADOLPHE.)

parce qu'il est l'auteur et le créateur de tout ce qui existe. Cet empire devant s'exercer d'une manière visible, et les hommes étant, de leur nature, destinés à se réunir en corps de nation, Dieu a voulu qu'il y eût des princes pour gouverner les peuples; mais c'est de lui immédiatement que ces princes tiennent leur mission, et qu'ils ont reçu le pouvoir d'imposer des lois. Le texte sacré y est formel : C'est par moi, dit la Sagesse incréée, que les rois règnent, et que les législateurs ordonnent ce qui est juste. *Per me reges regnant, et legum conditores justa decernunt ; per me potentes imperant* (1). Il suit de là, dans les principes de l'Ecriture, que les rois ne dépendent de personne sur la terre, mais qu'ils doivent à Dieu compte de leur conduite, parce qu'il est le maître des maîtres et le seigneur des seigneurs : *Quoniam dominus dominorum est* (2). Cet établissement de la royauté date des temps

____

(1) Prov. 8, 15.
(2) Apocal. 17, 14.

les plus anciens. Avant Abraham, il y avoit des rois; la Genèse rapporte que ce patriarche voyagea dans les états du roi d'Egypte, qu'il fit un traité avec celui de Gérare, qu'il défit quatre rois qui emmenoient prisonnier Loth, son parent, et qu'en hommage religieux, il offrit part dans son butin, à un autre roi, celui de Salem, en même temps monarque et pontife. Telle est, au reste, la haute idée que les saintes Ecritures nous donnent de la dignité et des prérogatives royales, et telle, la profonde vénération qu'elles veulent que l'on ait pour les rois, qu'elles n'hésitent point de les comparer à des dieux, *ego dixi vos dii estis,* et qu'elles les honore du titre de fils du Très-Haut : *Et filii excelsi omnes* (1).

On doit donc obéir aux rois comme à Dieu, parce que c'est lui qui les a investis de la force, et qu'ils le représentent sur la terre. On doit reconnoître les dispositions de sa volonté dans

______

(1) Psalm. 81, 6.

les variations qu'éprouvent les monarchies, et adorer les secrets desseins de sa sagesse à l'égard du gouvernement des peuples, parce que c'est lui qui distribue les couronnes, et qu'il les donne ou les ôte à son gré. Il avoit fait sacrer Saül ; il le rejette, et choisit David : il fait deux parts du royaume que Salomon laisse à Roboam son fils, et soumet dix tribus à un autre maître ; il répudie la maison d'Achab, et dispose du trône de Joram en faveur de Jéhu. Partout, dans la fondation des royaumes, dans le changement des dynasties, dans les révolutions des empires, le doigt de Dieu se montre d'une manière visible, et dès qu'il s'est montré, les peuples sont obligés d'obéir à ce signal.

Qu'elle est donc éloignée, notre religion sainte, de rien commander qui soit contraire aux intérêts des princes ou à ceux de la patrie ! Ecoutons l'apôtre saint Paul traiter le point important des devoirs des sujets à l'égard de leurs princes : « Qu'il n'y ait parmi vous, dit-il,

personne qui ne soit soumis aux puissances ».
*Omnis anima potestatibus sublimioribus sub-
dita sit* (1). « Car, ajoute-t-il, toute puissance
vient de Dieu; celui qui résiste à la puissance,
résiste à l'ordre de Dieu, et attire sur lui la con-
damnation ». L'apôtre montre ensuite qu'on
n'a rien à craindre des rois quand on fait le
bien, qu'ils ne sont redoutables qu'aux méchans; que s'ils portent le glaive, ce n'est pas
pour blesser, mais pour défendre l'Etat et pro-
téger l'ordre public; qu'en cela, ils sont les
ministres de Dieu et les exécuteurs de ses justes
jugemens. Il veut qu'on leur obéisse et qu'on
les révère, non-seulement par la crainte du
châtiment, *non solum propter iram,* non comme
des serviteurs à l'œil, *non ad oculum servientes,*
non pas seulement pour leur plaire, ou par
respect humain, *quasi hominibus placentes;*
mais dans la sincérité du cœur, mais par prin-
cipe de conscience et par soumission aux ordres de Dieu; *sed ex conscientiâ, in simplicitate*

---

(1) Rom. 13, 1.

cordis, timentes Deum (1). Et telle est l'étendue des obligations que nous imposent les saints Livres à l'égard des rois, que ce n'est pas seulement aux bons princes, aux princes vertueux, aux princes de sa croyance qu'ils ordonnent d'obéir; c'est à tous, quels qu'ils soient, dès qu'ils sont investis du pouvoir, sans discussion ou examen de leur foi, de leurs titres ou de leur mérite. *Non tantùm bonis et modestis, sed etiam discolis* (2).

Cette obéissance au souverain, Jésus-Christ l'a prêchée, et il en a donné l'exemple. Pendant sa vie mortelle, il fut soumis à l'autorité du magistrat. Quoique les Romains n'exerçassent le pouvoir en Judée qu'en vertu du droit de conquête, il reconnut leur gouvernement pour légitime. Il décida qu'on devoit payer le tribut à César, et lui-même paya le denier du temple, pour rendre hommage à la

____

(1) Coloss. 3, 22.
(2) 1. Petri 3, 18.

loi. Lorsque les Juifs eurent résolu de le faire mourir, et qu'ils envoyèrent se saisir de sa personne, il ne voulut pas que ses disciples s'armassent pour le défendre. Il se laissa conduire, dit l'Ecriture, avec la douceur d'un agneau qu'on mène sous le ciseau du tondeur; *sicut agnus coràm tondente* (1); il répondit à ses juges avec modération; il souscrivit à son jugement, tout injuste qu'il étoit : *tradebat judicanti se injustè* (2).

Les apôtres tinrent la même conduite; fidèles à la doctrine de leur maître, ils la transmirent dans leur enseignement. Ils souffrirent les persécutions sans y résister. Pierre et Jean, après qu'au nom du Christ, ils eurent guéri le boiteux qui mendioit à la porte du temple, sont envoyés en prison; ils obéissent sans murmure. Pour avoir courageusement annoncé Jésus, Etienne est lapidé; il lève les yeux au

---

(1) Act. 2, 32.
(2) 1. Petri 2. 23.

ciel, et prie pour ses bourreaux. Paul, traduit devant le gouverneur Félix, y est accusé par le grand-prêtre Ananie de répandre une doctrine pernicieuse ; dès qu'il connoît la qualité de son accusateur, il en parle avec respect ; un discours simple et modeste est le seul moyen de défense qu'il emploie. Le même esprit anime les chrétiens dans les siècles qui suivirent les temps apostoliques. Ils servent dans les armées des empereurs, et ils y sont des modèles de bravoure et subordination. A moins qu'on n'exige d'eux qu'ils trahissent leur foi, leur soumission est sans réserve. Et qu'on ne croie pas que ce fût par crainte ou parce qu'ils étoient en petit nombre : « Nous ne sommes que d'hier, disoit Tertullien aux païens de son temps, et cependant nous remplissons les camps, vos villes, le sénat, vos assemblées ; nous ne vous avons laissé que vos temples. *Hesterni sumus et omnia vestra implevimus.... Sola vobis relinquimus templa* (1). L'empereur

______

(1) Tertul. Apologét.

Maximien fait décimer deux fois , et ordonne ensuite de massacrer toute entière une légion composée de chrétiens : ils avoient les armes à la main , ils pouvoient défendre leur vie ; ils aiment mieux se laisser égorger que de se soulever, ils n'opposent aucune résistance. *Cædebantur itaque passim gladiis , non recla-mantes saltem aut repugnantes* (1), disent les actes de leur martyre. Aucun auteur de ces temps, si funestes aux chrétiens, ne leur reproche d'avoir excité des séditions. Sous Néron, il est vrai, on leur imputa l'incendie de Rome ; mais personne ne crut à cette calomnie, et l'histoire a fait justice du coupable.

Telle est, Messieurs, la religion que nous professons et que nous enseignons. Elle recommande l'obéissance aux lois, l'amour du prince, la soumission à ses ordres, le zèle des intérêts de la patrie. Elle veut qu'on sacrifie tout au bien , au besoin, à la défense de l'Etat ; sa fortune, sa personne, jusqu'à sa propre vie.

---

(1) Ex Actis apud Ruinart.

2

Compulsez les annales des peuples anciens, parcourez tous les écrits de leurs sages et de leurs législateurs, j'oserai le dire avec confiance, vous n'y trouverez rien qui approche d'une doctrine aussi pure, aussi favorable aux pouvoirs établis, aussi propre à assurer la durée et la tranquillité des empires.

Grands de l'Etat, dépositaires de l'autorité, chefs des guerriers, magistrats; continuez, dans vos hauts emplois, vos éminens services; aidez le Prince dans sa tâche glorieuse et pénible; les uns en partageant avec lui le poids des affaires, les autres en l'éclairant dans ses conseils, ceux-ci en rendant la justice et en faisant exécuter les lois, ceux-là en conduisant ses armées au combat et à la victoire. Fidèles à vos honorables missions, soyez les pères de la patrie; que, par vos soins, de sages lois la fassent fleurir, les sciences l'illustrent, les arts l'embellissent, le commerce augmente sa richesse et son importance politique, la guerre étende ses conquêtes. Votre noble partage est de la faire croître en prospérité et en gloire. Pour nous, des devoirs plus modestes, mais non moins utiles, nous sont départis. Nous formerons les peuples à l'obéissance par nos leçons et par nos exemples ; nous leur apprendrons à aimer le Prince, à remplir avec exactitude, avec affection les devoirs de fidèles sujets. Nous leur dirons : Payez l'impôt (1), parce que c'est le prix de la protection qui assure vos propriétés et votre liberté. Nous leur dirons : Observez les lois, car sans elles tout est désordre, anarchie et confusion. Nous leur dirons : Soyez toujours prêts à défendre de vos bras les frontières, car l'ennemi les franchiroit, et viendroit désoler vos moissons. Nous leur dirons : Inscrivez vos enfans sur la liste des guerriers, car ils naissent citoyens, et il n'y a point de droit de cité sans une grande force armée qui le maintienne. Nous leur dirons : Concourez de tout votre pouvoir aux

____

(1) *Cui tributum , tributum , cui vectigal , vectigal.*
Rom. 14 , 7.

grands desseins de votre magnanime Empereur, car ils ont pour objet le bien commun, et il se compose des intérêts particuliers. Nous ferons plus : armés de toute l'autorité de notre ministère, et l'Evangile à la main, nous leur dirons : Voyez ce livre, c'est là que sont écrites toutes ces obligations ; malheur à vous, si vous ne les remplissez point, parce que c'est Dieu qui l'ordonne, parce que votre salut éternel y est attaché, parce qu'elles sont dans l'ordre de la Providence.

Voilà, Messieurs, en matière de gouvernement, ce que l'Evangile veut que l'on enseigne. Maintenant j'oserai prendre la liberté d'invoquer votre témoignage. Cette religion ne sert-elle pas essentiellement l'Etat qui assied sur d'aussi fermes bases les grands principes de la politique des empires et de la morale des peuples ? Cette religion ne sert-elle pas encore l'Etat, quand elle descend dans la chaumière du pauvre, pour y porter des consolations ; lui dont la part est si petite dans les avantages de la fortune publique, tandis qu'il y contribue par tant et de si pénibles travaux? Cette religion ne sert-elle point l'Etat, quand elle apprend au malheureux à reconnoître la volonté de Dieu dans la distribution des biens de ce monde, quand elle lui ordonne de voir sans jalousie et de respecter ce partage inégal, mais nécessaire, des richesses, du pouvoir, du rang, du crédit, des honneurs, contre lequel ne seroit que trop portée à se roidir la raison abandonnée à elle-même, et, vous le savez, Messieurs, qu'a osé plus d'une fois attaquer une popularité imprudente ou intéressée, non sans d'extrêmes dangers pour l'ordre social ? Cette religion ne sert-elle point l'Etat, quand elle soutient le courage de l'infortuné, en lui montrant, du moins dans l'avenir d'une autre vie, l'espoir d'être un jour, sous le règne d'une justice éternelle, récompensé de sa vertueuse résignation, et dédommagé de ses longues souffrances ; quand elle absout la Providence, en présentant à l'homme puissant et oppresseur, l'effrayant tableau d'une main vengeresse qui le poursuit, lentement peut-être, mais qui, tôt ou tard, saura bien l'atteindre ? Cette religion ne sert-elle pas encore l'Etat, en instruisant les nombreux enfans des campagnes, en jetant dans ces ames simples et grossières, en essayant d'y faire germer quelques semences de piété, de justice, de désintéressement et de vertu ? Cette religion ne sert-elle point l'Etat, en préparant ainsi de nouvelles générations de citoyens utiles et de sujets fidèles ? Cette religion enfin ne sert-elle pas encore l'Etat par la prière publique, quand ses Pontifes et ses Ministres, prosternés aux pieds des autels, y adressent à Dieu des vœux ardens et d'humbles supplications pour la prospérité de l'empire, pour le salut du Prince, pour le succès des guerres ; pour un bien mille fois plus désirable encore, pour le rétablissement et le maintien de la paix ; pour la fertilité de la terre, pour la salubrité des saisons, pour toutes les nécessités publiques et particulières ? Je ne vous mets sous les yeux qu'une esquisse bien foible des services que rendent à l'Etat

nos principes religieux, et néanmoins, Messieurs, toute foible qu'elle est, ne suffit-elle
pas ? Que faut-il de plus, et que faudroit-il
encore, pour être autorisé à proclamer cette
grande, cette incontestable vérité : que notre
religion, telle que l'Evangile l'enseigne, est
l'amie la plus fidelle des rois, le fondement le
plus solide, la meilleure garantie de leur puissance, le soutien des empires, le frein des
méchans, la consolation des peuples, le plus
beau présent que Dieu ait fait à sa créa-
ture !

Mon Dieu ! auteur de cette religion sainte,
établie par vous pour le bonheur des sociétés,
pour le salut des hommes et pour les amener
à leur véritable fin, ne permettez pas qu'elle
cesse jamais de fleurir parmi nous, et faites
qu'elle s'y maintienne dans toute la pureté de
ses dogmes primitifs ! Que cette France,
que vous aimez, que vous avez comblée de
tant d'avantages temporels, n'en perde point
d'autres qui ont bien plus de prix à vos yeux !

Que le dépôt de la foi, qu'elle a conservé fidèlement depuis qu'elle est monarchie, ne lui
soit jamais ôté ! Qu'elle soit toujours chré-
tienne, toujours soûmise à l'Eglise univer-
selle, toujours unie à la mère des Eglises !
Jetez, ô mon Dieu ! un regard favorable sur
elle ! Répandez aussi l'abondance de vos grâces
sur notre auguste Empereur ! Que votre force,
car vous êtes le Dieu des batailles, et que votre
sagesse, car c'est de vous qu'émane l'esprit de
prudence et de conseil, marchent toujours
devant lui ! Qu'inviolablement attaché à vos
lois saintes, il gouverne long-temps cette
France, que par lui vous avez rendue si puis-
sante ! Eclairez, Seigneur, protégez, bénissez
tous ses desseins ! Comblez aussi de vos béné-
dictions notre auguste Impératrice et toute la
famille impériale ! Veillez surtout, veillez
principalement sur la plus chère espérance de
cet empire, sur ce précieux enfant, sur cet
enfant Roi que vous avez accordé à nos fer-
ventes prières ! Ecartez de lui tous les maux
qui menacent l'enfance, douez-le de tous vos

dons, et pour vous demander d'un seul mot,
ô mon Dieu ! tout ce qu'il y a de plus souhai-
table et pour lui et pour nous, faites-en un
Prince selon votre cœur (1) ; afin qu'après de
longues années, au moment marqué par votre
providence, quand il aura, sous son auguste
père, achevé l'apprentissage du grand art de
gouverner les peuples, il puisse à son tour les
rendre heureux, et l'être lui-même de leur
bonheur ! Ainsi soit-il.

____

(1) *Da ei cor ut sciat te.* Jerem. 18, 24.

FIN.

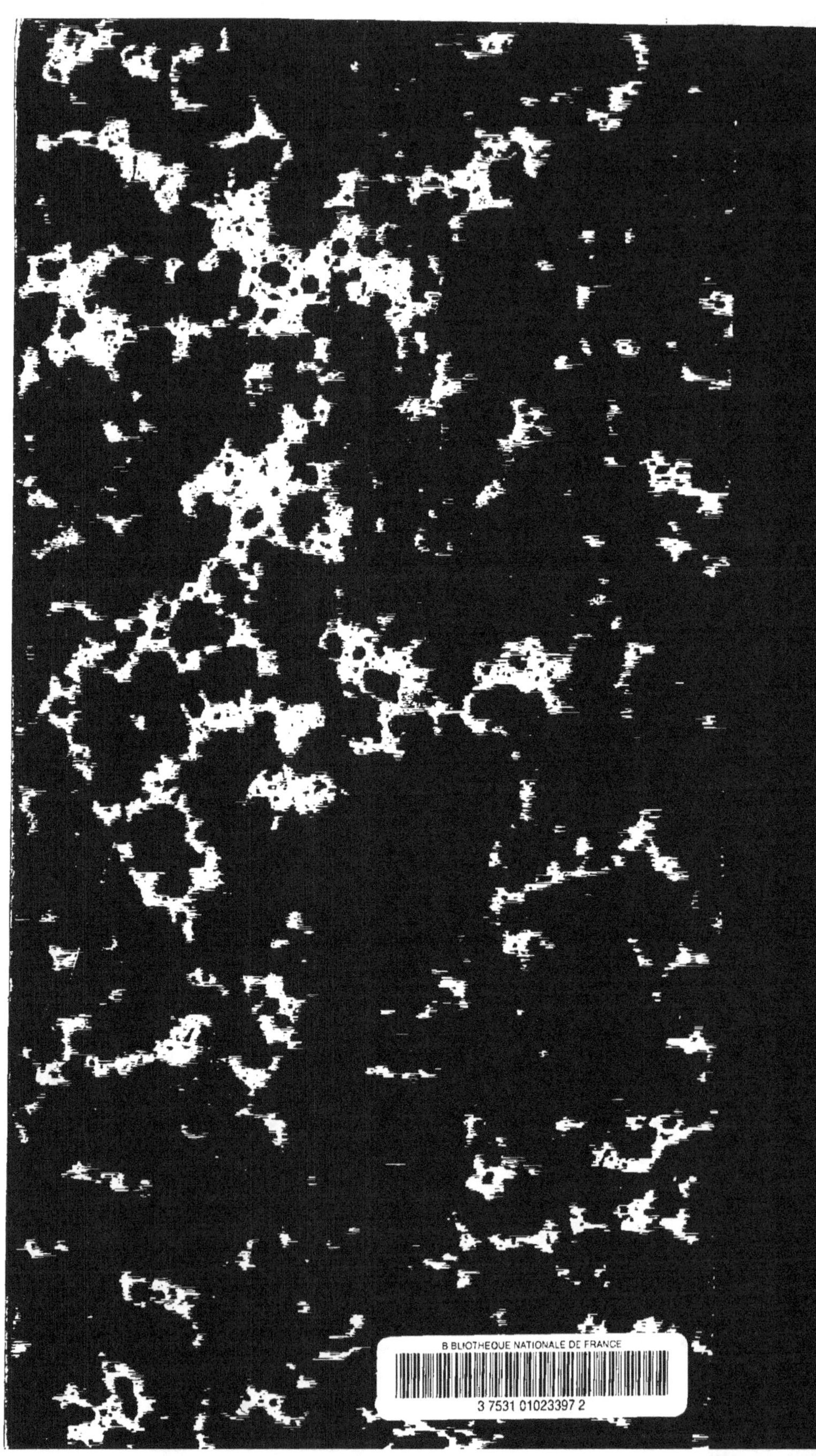

www.ingramcontent.com/pod-product-compliance
Lightning Source LLC
Chambersburg PA
CBHW061710060726
47597CB00006B/2279